Dung | Platte | Stieve | Ullrich

BILDUNGSWERKSTATT

Architektur trifft Didaktik

VORWORT

Räume für eine offene Hochschule

Die Technische Hochschule Köln setzt sich seit langem zum Ziel, eine qualitativ hochwertige, forschungs- und praxisorientierte Lehre zu entwickeln. Mit Sonderprogrammen wie »Lehrexzellenz« oder »ProfiL²« werden Initiativen gefördert, die diversitäts- und projektorientiert ausgerichtet sind und Studierende dazu anregen, Verantwortung für eigene Bildungsprozesse und Teamgeist zu entwickeln.

Das Projekt »Architektur trifft Didaktik« steht für einen solchen Gedanken, und zwar in zweifacher Hinsicht. Erstens ist der Prozess bemerkenswert: Studierende und Lehrende aus zwei unterschiedlichen Fachbereichen, der Kindheits- und Familienpädagogik sowie der Architektur, taten sich zusammen und entwickelten ein innovatives hochschuldidaktisches Raumkonzept. Die neue räumliche Struktur und Ausstattung wurde in einem Lehrforschungsprojekt und einem partizipativen Prozess mit den verschiedenen Nutzerinnen und Nutzern entworfen und dann von Lehrenden und Studierenden beider Fakultäten ausgearbeitet. Das Projekt setzte damit mustergültig die Leitlinie der TH Köln um, ein Studieren in Projekten zu ermöglichen, die Neugier und Interesse der Studierenden wecken und nachhaltige Lernprozesse anregen. Durch forschendes, problembasiertes und projektorientiertes Lernen erleben Studierende bereits im Studium Szenarien ihrer zukünftigen beruflichen Handlungssituationen.

Zweitens stehen die entstandenen Räume für eine neue Idee von Hochschule. Es sind weniger Werkstätten für besondere Angebote entstanden, als Räume, die zeigen, wie offen sich Hochschulen gestalten können. Die Räume brechen mit standardisierten Sitzordnungen, festgelegten Hierarchien und starren Lehrformen. Sie fordern neue Lernarrangements zwischen Praxis, Forschung und Theorie geradezu heraus. Die TH Köln freut sich über dieses zukunftsweisende Konzept.

Prof. Dr. Sylvia Heuchemer
Vizepräsidentin für Lehre und Studium der TH Köln

Prof. Dr. Rüdiger Küchler
Vizepräsident für Wirtschafts- und Personalverwaltung der TH Köln

Raum für neue Lernformen

Als das in diesem Band dokumentierte Projekt »Architektur trifft Didaktik« auf einem Tag zur Lehrexzellenz an unserer Hochschule vorgestellt wurde, sorgte es für hohe Aufmerksamkeit, denn der Raum wird in der Hochschuldidaktik bis heute selten mitbedacht. Während an Hochschulen in den letzten Jahren die äußere Architektur in Form ausdrucksstarker Bauten eine zentrale Rolle spielte, wird der Zusammenhang von Innenarchitektur und Didaktik vernachlässigt. Dabei beeinflussen der Raum und seine Artefakte die tägliche Didaktik erheblich.

Dass der Raum neben Peers und Lehrenden der dritte Pädagoge ist, erschließt sich in den meisten hochschuldidaktischen Konzepten nicht ohne weiteres. Das Projekt »Architektur trifft Didaktik« hat sich auf das konkrete Lernen in Hochschulen konzentriert und zeigt, wie Architektur Didaktik unterstützt und vielfältige Lehr- und Lernformen anregt.

Der Erfolg des Projekts hängt vielleicht mit seinem Entwicklungsprozess zusammen: Lehrende und Studierende, Pädagoginnen, Pädagogen und Architektinnen und Architekten verstanden sich als Partner in einem gemeinsamen Projekt – »Architektur trifft Didaktik«. Dies ist kein leichtes Unterfangen, denn Fakultäten haben ihre eigenen Fach- und Lehrkulturen, Raumvorstellungen und Planungsleitlinien. Doch der Prozess gelang: Die Didaktik der Kindheitspädagogik, die seit langem vom Raum als »anregender Lernumgebung« spricht, und die durch die Arbeit mit Kindern um die Mehrdeutigkeit der Dinge weiß, war für die Architektur ein reizvoller Gegenpart. Die Didaktikerinnen und Didaktiker profitierten umgekehrt von der Breite ästhetischer Raumbezüge, die sich in der Architektur denken lassen und die gewohnten didaktischen Räume irritieren. So wurden Grenzen in Lehre, Forschung und Konzeption überwunden. Hochschulräume lassen sich neu erfinden – ein großer Gewinn für unsere beiden Fakultäten!

Prof. Dr. Ute Lohrentz
Dekanin Fakultät für Angewandte Sozialwissenschaften der TH Köln

Prof. Paul Böhm
Dekan Fakultät für Architektur der TH Köln

INHALT

1 RAUMSZENEN

2 PROZESS

3 RAUM UND OBJEKTE

4 GEBRAUCH

Seite 50 – 55

5 TEAM

Seite 56 – 58

1 RAUMSZENEN

Räume sind nicht nur Behälter, die entsprechend ihrer Funktion angeordnet und ausgestattet sowie in einer damit verbundenen Ästhetik gestaltet werden. Räume entstehen immer wieder neu aus Szenen, in denen wir uns bewegen. Wir gestalten sie, indem wir sie bewohnen.

Erlebte Räume an Hochschulen

Hochschulräume scheinen durch ihre Funktion bestimmt zu sein: Ihre Ausmaße sind für die Bemessung der Gruppengrößen von Belang. Als Orte des Lehrens und Lernens ist ihre Ästhetik sachlich und rational. Dies zeigt sich in der so typischen Ausstattung – in Reihen oder u-förmig angeordnete Tische und Stühle, vorn das »Pult« der Lehrenden, Tafel, Flipchart, Beamer. Der Raum erscheint als Kulisse für die Vermittlung und Aneignung von Wissen.

Sprechen wir vom »erlebten Raum«, so hat dessen Gegenständlichkeit Aufforderungscharakter. Der »Appell der Dinge« (Patočka 1991, 148) geht auch von Seminarräumen aus. An schulische Traditionen anknüpfend, ordnen sich Studierende und Lehrende zumeist in bewährter Gewohnheit: Flipchart, Stühle, Tische, Pult und Beamer implizieren Richtungen und Interaktionsformen für ein soziales Geschehen. Wir suchen uns unseren Platz in diesem Raum, je nach Rolle und Aufgabe. Ähnlich ist es mit Fluren. Sie schreiben durch ihre Ausstattung vor, Durchgangsräume zu sein. Mit dem französischen Soziologen Bruno Latour ließe sich sagen, dass sich in den Dingen alle möglichen Aufforderungen versammeln (vgl. Latour 2000, 221; 229; 231): Wissenschaftliche Prämissen, pädagogische Absichten und institutionelle Kulturen, Hierarchien, Sicherheits- und Brandschutzbestimmungen, Hygienevorstellungen und ökonomische Werte. Sie vermitteln sich in den vielen Szenen des alltäglichen Umgangs. Jemand kann gegen sie rebellieren und beispielsweise auf Tische Sprüche kritzeln, jemand kann sich verstecken und ganz nach hinten setzen, aber die Grundordnung wird dadurch nicht in Frage gestellt. Räume sind Handlungsräume, in denen auch Dinge und räumliche Gegebenheiten das Handeln steuern. Sie erscheinen statisch, weil sie im Handeln immer wieder bestätigt werden.

Architektur trifft Didaktik

Der Raum hat sich bekanntlich zum »dritten Pädagogen« hochgearbeitet, der spätestens nach den Lehrenden und der Lerngemeinschaft rangiert. Pädagogische Architektur als Dialog zweier Disziplinen »ist eine komplexe Sache. Jede der beiden Disziplinen eine Kunst und Wissenschaft für sich, denken ihre Vertreter in ganz unterschiedlichen Dimensionen, sprechen andere ›Sprachen‹ und haben scheinbar unterschiedliche Ziele.« (Eckmann 2014, 45). Die Weiterentwicklung pädagogischer Konzeptionen spiegelt sich in der Veränderung pädagogischer Räume wieder, beeinflusst Architektur und wird von ihr beeinflusst – das präsentieren zum Beispiel die Reggio-Pädagogik für die Kindheitspädagogik oder die Ausdehnung von Lernorten über Klassenzimmer hinaus in Schulgebäuden. Welche Rolle spielt der Raum für die Hochschuldidaktik?

Das Projekt Architektur trifft Didaktik an der TH Köln hatte seine Anfänge nicht nur in hochschuldidaktischen Erwägungen. Im Rahmen der kindheitspädagogischen Didaktik und der sozialpädagogischen Methodenlehre sollten eine »Bildungswerkstatt« und mit ihr Werkstatträume für Didaktik und Methodik in der Arbeit mit Kindern, Jugendlichen und Familien entstehen. Die Idee knüpfte an die Diskussionen zu Lernwerkstätten an (vgl. Stieve 2016), wie sie in der Pädagogik der frühen Kindheit oder in der Schulpädagogik geführt werden. Stichworte waren u. a. künstlerische Gestaltung, Bewegung, Sprache, Spiel, Erkunden und Lernen durch Erfahrung. Entgegen einer Fächerorientierung, wie sie den schulischen Alltag bestimmt, wurde nach einer integrierten und experimentellen Didaktik gesucht, nach

einem wissenschaftlichen und ästhetischen Forschungsraum, der heterogene Zugänge ermöglicht und Lernen nicht aufteilt in exakt voneinander getrennte Bereiche. Dem entsprach die Suche nach offenen Räumen, mehrdeutig und vielgestaltig.

Aufgrund der Raumknappheit, wie sie viele Hochschulen kennen, war es ein großes Glück, dass der Bildungswerkstatt drei Seminarräume, ein Flur, mehrere Abstellräume und ein (bis jetzt noch nicht gestalteter) Innenhof zur Verfügung gestellt wurden. Das besondere Ziel bestand darin Räume zu schaffen, in denen die Dinge nicht bleiben müssen, was sie sind, sondern zu Flexibilität, Wandlung und Vieldeutigkeit einladen. So begann ein von Studierenden und Lehrenden der Fakultät für Angewandte Sozialwissenschaften und der Fakultät für Architektur initiierter Prozess, in dessen Verlauf bald deutlich wurde, dass es weiterer Verbündeter bedurfte: Der zukünftig die Räume nutzenden Lehrenden und Studierenden, der zuständigen Mitarbeiterinnen und Mitarbeiter der Hochschulverwaltung sowie externer Gäste, und unter diesen besonders der Kinder. Zum Einstieg stellte sich »die zentrale Frage pädagogischer Architektur: ›Wie können aus den pädagogischen Bedarfen der Nutzer/-innen räumliche Anforderungen definiert werden‹« (Eckmann 2014, 46) – und mehr noch

– wie kann Architektur ermöglichen, pädagogischen Raum immer wieder neu zu öffnen und zu inszenieren?

Kinder im Raum

Eine besondere Relevanz im gemeinsamen Entwicklungsprozess kam dem Erleben von Kindern im frühen Kindesalter zu. Ihre Erfahrungswelt, die sich deutlich von den erwartungsgemäßen Ordnungen hochschulischer Raumstruktur unterscheidet, irritierte die alltäglichen Gewohn- und Gepflogenheiten (vgl. Schüllenbach-Bülow/Stieve 2015).

Dies lässt sich zum Beispiel beobachten, wenn Studierende, weil sie keine Betreuung finden, ihre Kinder ins Seminar mitbringen. Dann kann es geschehen, dass ein Kind neben Mutter oder Vater auf dem Stuhl sitzt, vielleicht ein Bilderbuch oder Spielzeug vor sich, und plötzlich langsam und allmählich den Stuhl hinunterrutscht. Wenn es unter dem Tisch angekommen ist, krabbelt es zwischen den Tischbeinen und den Beinen der Erwachsenen hindurch oder spielt mit dem Raum unter dem Stuhl von Mutter oder Vater. Auch hier haben die Dinge einen Aufforderungscharakter. Die glatte Stuhloberfläche, die einen ohnehin schon nicht richtig hält, reizt, wie eine Rutsche, hinunterzugleiten und der Tisch ist nicht mehr Tisch, sondern bietet eine Art »Gang« an, der ein Versteck schafft. Auch zwischen den Beinen von Mutter oder Vater und unter ihrem Stuhl kann man sich eine kleine enge Behausung schaffen, die zugleich die menschliche Nähe sichert. Es bilden sich ganz unterschiedliche Raumszenen – doch entsprechen sie nicht der uns gewohnten Funktion. Im Alltag können wir viele solcher Erfahrungen mit Kindern machen. »Ein Stuhl kann auch mal ein Haus sein oder ein Podest oder ein Hindernis oder ein Schlitten, kurz: eben das, was die Phantasie mit ihm ›anfängt‹«, schreibt der Philosoph Hans Saner und nennt dies eine »natürliche Dissidenz« des Kindes, weil es provozierend abweicht von unseren Ordnungen (Saner 1977/1995, S. 92; 112). Der Raum in den Erfahrungen von Kindern erscheint noch wenig funktionalisiert. In ihrem so belanglos erscheinenden Spiel entstehen erst die »Ordnungen und Strukturierungen der Erfahrungen selbst« (Gebauer/Wulf 1998, 207). Ihr spielerisches Verhalten und ihre Phantasie weisen auf die Offenheit und Vieldeutigkeit von Räumen hin (vgl. Stieve 2016).

Der nicht erwartungsgemäße Umgang mit vermeintlich vorgegebenen Raum- und Mobiliarfunktionen mag irritieren, wird Kindern jedoch in der Regel verziehen. Niemand ist verwundert, wenn Kinder unter Tischen hin und her kriechen. Täten dies Studierende oder Lehrende, sähe das nachvollziehbar anders aus. Der soziale Charakter von Räumen strukturiert Verhalten oft sinnvoll, oft auch einengend. Der Lehre geben Hochschul- und Seminarräume mit ihrem typischen

Mobiliar Struktur, engen aber auch ein: Der Wechsel von Plenum und Arbeitsgruppen beispielsweise oder die Durchführung von Planspielen, Ausstellungen und Präsentationen wird durch die Möblierung verzögert, wenn nicht behindert. Oft wird am Anfang eines Semesters noch versucht, Räume anders zu stellen, um differente Lehr-Lernformen zu ermöglichen. Doch die Tische sind zu schwer, das Umräumen ist zu laut, die Gestaltungsmöglichkeit begrenzt. Die Reihenbestuhlung wird hingenommen, auch wenn sie dem didaktischen Anliegen widerspricht.

Freiheit im Raum

Die kindliche Bereitschaft, Räume zu erspielen, fordert heraus und regt an: Sie entpuppt den strukturierten Raum als variationsfähig und lässt situativ hervorgebrachte, unerwartete Szenarien entstehen. Man muss nicht unter die Tische kriechen, aber lässt sich mehr Freiheit im alltäglichen Umgang mit vermeintlich vorgegebenen Raumstrukturen gewinnen? Unsere räumliche Wirklichkeit ergibt sich aus Situationen »mit all dem, was mich aufruft zu handeln«, schreibt der Phänomenologe Bernhard Waldenfels (2000, 193). Freiheit hat damit zu tun, »wie wir uns leiblich in der Welt bewegen, wie wir die Welt gestalten und sie strukturieren« (ebd.) oder anders gesagt, »Freiheit bedeutet die geschaffenen Strukturen zu übersteigen um daraus andere zu schaffen« (Merleau-Ponty 1949/1976, 200).

Diese Gedanken weisen auf die Vieldeutigkeit des Raumes und auf die Chancen hin, starre Funktionen forschend und ästhetisch gestaltend zu überwinden, um Raum immer wieder neu zu erleben.

Der Wunsch nach Vieldeutigkeit, möglichst wenig Festlegung und Variierbarkeit setzte Prämissen für das Projekt »Architektur trifft Didaktik«, die manchmal fast nicht erfüllbar schienen. Die Idee war, Raum zu »entmöblieren« und Irritationen zu ermöglichen. Möbel sollen »zurücktreten« und Raum geben für Neuinszenierung und Neuinterpretation. Die Dinge sollen nicht nur eine Funktion haben. Sie können umgestaltet werden zu Bühne, Forum, Regal, Rutschbahn, Segelboot... Die Räume selbst fordern dazu auf, immer wieder neu »in Szene« gesetzt zu werden, indem sie transparent sind, ineinander übergehen, Bereiche voneinander abtrennen und wieder öffnen lassen und Bewegungsfreiheit schaffen. Unterschiedliche Formen der Gestaltung von Lehrveranstaltungen, Werkstätten, Spielräumen, Ausstellungen, Rauminstallationen, Gastvorträgen und Diskussionsforen sind Beispiele für Inszenierungen des Raumkomplexes »Bildungswerkstatt«.

Ein provisorischer Raum

Der entstandene Raum ist zunächst – leer. Die Möbel sind bei Eintritt in die Bildungswerkstatt als Bänke,

Mauern oder Podeste an den Rand einer großen Fläche gestellt. Jedes Seminar und jede andere Nutzung der Räume beginnt mit der Frage »Wie gestalten wir uns unseren Raum?«, wie ein Architekturstudent den Grundgedanken des Projekts zusammenfasste. Wände und Decken wurden auf Anregung der Architekten anthrazit gestrichen, der Boden mit einem fast weißen Belag versehen. Auf diese Weise treten die Begrenzungen der Räume zurück und lassen die Mitte besonders hervortreten. Traversen erinnern an Theaterräume. Sie und mit Lamellen versehene Wände ermöglichen, alle möglichen Dinge auf- und abzuhängen. Dadurch entstehen nicht nur Bewegungslandschaften für Kinder, sondern ästhetische Raumgestalten.

Hocker, Sitzschalen, Einzeltische und verbindende Tischplatten lassen sich nach Bedarf zu vertrauten Seminarräumen, Reihen, (Halb-)Kreisen anordnen. Zugleich können sie als Kuben oder Podeste andere Raumlandschaften schaffen. Der Flur zwischen den Räumen wurde zu einer Kommunikationsfläche. Ein farblich hervorgehobener Block ist Treffpunkt und Küche. Lamellenwände schaffen Präsentationsflächen.

Diese ständig fordernde Gestaltung ist zugleich Gewinn und Herausforderung der neuen Räume. Sie sind, wie alle Räume, nicht perfekt, nicht abschließend gestaltet und lösen neue Fragen aus. Sie müssen realisiert werden, legen dem Raum damit aber immer auch die Grenzen dieser Realisierung auf. Die Offenheit wird einerseits geschätzt, führt aber auch zu Irritationen. Erste Erfahrungen ermutigen: Eine Tagung z. B. entstand wie aus dem Nichts. Alle Teilnehmerinnen und Teilnehmer fanden nicht ihre Plätze vor, sondern nahmen sich ihren Kubus, eine Sitzschale und schufen eine Sitz-Ordnung, halb rund und etwas eng, die den offenen Denkraum und die Diskussion eines Vortrags geradezu zu unterstützen schien. Der öffentliche Raum des Nachdenkens (Masschelein/Simons 2010, S. 62) stellte sich situativ her. In der wöchentlichen Betreuung der Kinder von Studierenden und Mitarbeitenden der Hochschule entstehen ungewohnte Spiel- und Bewegungslandschaften, Türme, Schiffe, Sitzkreise und Versammlungsorte. Die Seminare verändern sich mit und innerhalb jeder Veranstaltung, immer wieder bilden sich andere soziale Raumgestalten des Lernens und Forschens. Doch die Dinge brauchen Pflege, Trennwände dürfen nicht beklebt werden, Nutzungen führen zur unvermeidlichen Regelsetzung – ein Projekt im Aufbau.

Inklusive Räume
»Auf dem Weg zur Inklusiven Fakultät« – mit diesem Programm und Leitfaden hat sich die Fakultät für Angewandte Sozialwissenschaften an der TH Köln die Aufgabe gestellt, inklusive Kulturen, Strukturen und Praktiken (vgl. Ainscow & Booth 2011) inhaltlich in

Lehre und Studienverlauf zu vermitteln und institutionell zu gestalten. Für die Neugestaltung von Räumen (vgl. Platte 2014) ergeben sich daraus zwei Fragen: Erstens, welche Räume braucht eine inklusive (Hochschul-) Didaktik? Zweitens, (wie) prägt inklusive Didaktik die Gestaltung von Lernräumen?

Auf der Hand liegt zur Beantwortung der ersten Frage der Anspruch einer barrierefreien Raumgestaltung. Dies ist auch in diesem Fall nur bedingt gelungen, zumal wie so oft Hürden teilweise erst nach ihrer Entstehung als solche identifiziert wurden. Versteht man inklusive Didaktik über Barrierefreiheit hinaus als Anspruch auf Diskriminierungsbewusstsein, Hierarchiefreiheit, Diversität und uneingeschränkte Teilhabe, so lassen die Räume einen gemeinsamen Suchprozess zu. Sie ermöglichen zum Beispiel, die alltäglich neu zu entscheidende Anordnung des Sitzmobiliars in Seminaren so zu gestalten, dass alle gleichermaßen gute Sicht haben, dass es Alternativen zur (manchmal auch sinnvollen) frontalen Anordnung gibt, dass nicht ausschließlich Lehrende die Raumordnung lenken, dass die Sitzordnung zu freien Wortbeiträgen aufruft... Der Gestaltung diversitätssensibler Lehre geben sie vor allem die Chance, dass der Raum Unterscheidungen aufbricht – zwischen Räumen für Erwachsene und Räumen für Kinder, Räumen für symbolisch vermittelte Lehre und Räumen des praktischen und ästhetischen

Handelns, Räumen mit einer relativ festen Lehr-Lern-form und Räumen, die diverse Zugänge herausfordern. Inklusive Hochschuldidaktik wird so durch den Raum unterstützt, der eine Variabilität von Bildungs-, Lern- und Lehrprozessen schafft. Um die zweite Frage zu beantworten: Der Raum tritt als »dritter Pädagoge« auf oder – in für Hochschuldidaktik relevanter Sprache – spiegelt inklusionssensible didaktische Entscheidungen in dem Anliegen wieder, das Studieren in den vielfältigen Zugängen der Beteiligten bestmöglich zu gestalten.

Die entstandenen Räume fordern zur Reflexion von Lernräumen in Hochschulen, Schulen und Kindertageseinrichtungen auf. Ihre Entwicklung und ihre Gestalt sind Beispiel für einen partizipativen Prozess pädagogischer Architektur. Sie sind damit auch politische Räume: »Öffentliche Bildung und Erziehung muss (und kann!) Komplexität und Vielfalt anerkennen und wertschätzen, kritisches und kreatives Denken, Verantwortlichkeit, Solidarität und soziale Gerechtigkeit praktizieren und fördern. Sie hat die Chance, neue Handlungsmöglichkeiten zu erproben« (Moss/Urban 2010, 9). Der Aufbau solcher forschenden und experimentellen Handlungsräume kommt mit der baulichen Herstellung eines Raumes, die immer an ihre Grenzen stößt, nicht zum Ende. Er bleibt ein nie abschließbarer Prozess.

2 PROZESS

Die »Bildungswerkstatt« als Forschungs- und Experimentierraum für didaktische Bildungskonzepte ist ein gleichermaßen kindheitspädagogisches, sozialpädagogisches wie auch hochschuldidaktisches Projekt. Die Fakultät für Angewandte Sozialwissenschaften und die Fakultät für Architektur sind hierzu eine Kooperation eingegangen, um gemeinsam und explizit ergebnisoffen nach neuen Wegen der räumlichen Ausgestaltung zu forschen. Wie sollen Räume beschaffen sein, in denen man sich forschend und experimentell bewegen kann und die nicht von vornherein auf eine vordefinierte Nutzung abzielen? Räume, die offen und variabel gestaltet sind und immer wieder dazu einladen neu inszeniert zu werden? Räume, die vieldeutig bleiben und die sich gleichermaßen eignen für Elementar-, sozialpädagogische und Hochschuldidaktik? Wie soll eine Ausstattung konzipiert werden, damit sie sowohl von Kindern, als auch von Erwachsenen genutzt werden kann? In einem ersten Schritt konzipierte das Projektteam die Ziele und den Prozess, um – gemeinsam mit den Nutzerinnen und Nutzern – die für den Umbau zur Verfügung gestellten Räume im Bestand mit all ihren Problematiken zu analysieren und auf ihr qualitatives Potential hin zu untersuchen.

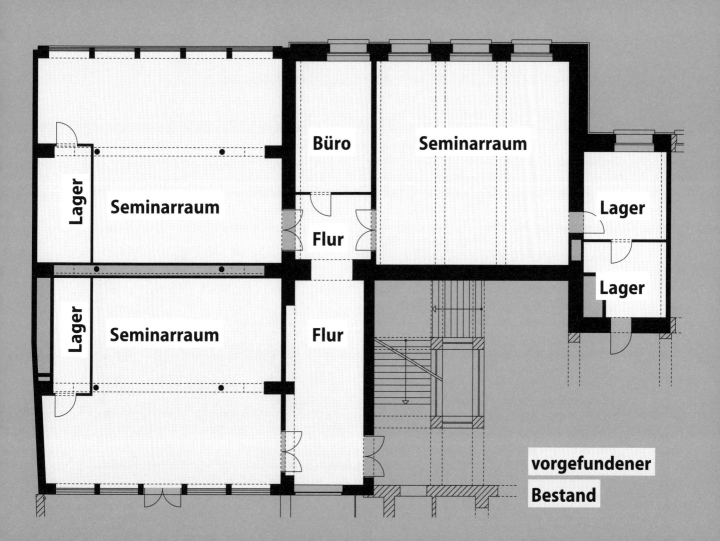

Lager

Seminarraum

Lager

Seminarraum

Büro

Seminarraum

Flur

Flur

Lager

Lager

vorgefundener Bestand

Partizipation

Das Projektteam initiierte zu den Fragen des Projekts mit Lehrenden und Studierenden der Kindheitspädagogik und Familienbildung, Sozialen Arbeit und Architektur sowie weiteren Nutzerinnen und Nutzern einen ersten Workshop »Architektur trifft Didaktik«, in dem erarbeitet wurde, was anregende Lernumgebungen auszeichnet. Das Verfolgen eigener Empfindungen in den vertrauten Räumen führte zu differenzierten Beschreibungen von Licht, Farbgebung, Raumausstattung, Atmosphäre und Wohlbefinden. Aus vergegenwärtigten Aktivitäten und Erfahrungen ließen sich Anforderungen, Bedarfe und Gestaltungswünsche an die Räume ableiten. Dabei wurde zwischen Raumeigenschaften, Technik, Mobiliar- und Materialausstattung unterschieden. Konkrete Ziele wurden benannt: Mehr Transparenz und weniger Mobiliar zugunsten von variablen und mehrdeutigen Elementen und mehr »Freiraum im Raum« – mit offenen Flächen für Bewegung und Inszenierungen. Der Raum sollte in seiner gesamten Höhe bespielbar sein. Aus dem unattraktiven Flurbereich könnte ein verbindender Kommunikationsraum entstehen. Die große Menge an benötigten Materialien sollte nicht nur gelagert, sondern sichtbar als Angebot bereitstehen und entsprechend präsentiert werden.

Das Lehrforschungsprojekt

Zur Entwicklung von Konzepten und Vorentwürfen für das Mobiliar wurde im Wintersemester 2012/13 ein Lehrforschungsprojekt unter dem Titel »didactic furniture« initiiert – mit Studierenden und Lehrenden der Architektur und der Pädagogik der Kindheit und Familienbildung. Der Bogen wurde gespannt von der theoretischen Annäherung und Erforschung der Bedeutung pädagogisch anregender Orte oder Dingwelten bis hin zu konkreten Möbelkonzepten.

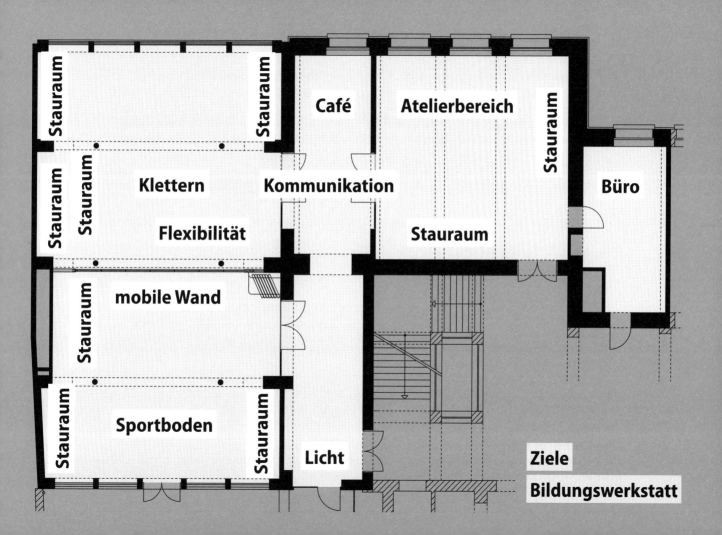

Stauraum

Stauraum

Stauraum

Stauraum

Stauraum

Stauraum

Café

Atelierbereich

Stauraum

Büro

Klettern

Kommunikation

Flexibilität

Stauraum

mobile Wand

Sportboden

Stauraum

Licht

Ziele

Bildungswerkstatt

Vier Handlungsfelder

In einer ersten Phase des Lehrforschungsprojekts wurden verschiedene Handlungsfelder erarbeitet, die dann in interdisziplinären Teams (Architektur + Pädagogik) weiter bearbeitet wurden. Inhaltliche Schwerpunkte bildeten die Themen »Kommunikation« (wie entstehen Räume, die vielfältige Formen der Kommunikation unterstützen?), »Präsentation« (wie lassen sich Materialien lagern und didaktisch anregend präsentieren?), »Tisch / Stuhl« (wie kann notwendiges Grundmobiliar variabler und mehrdeutiger werden?)

	Vier-Würfel-Modul	Flexibel	Brettersteckystem	Café mit Topografie
Bestuhlung und Tische				
Möblierungsvarianten, Seminarbestuhlung, Kinderbestuhlung, Bequemlichkeit, Handhabbarkeit, Lagerung bei Nicht-Gebrauch, Sicherheit, Produzierbarkeit, Materialität	X	X	X	
Bauen im Raum / Veränderbarkeit von Raum				
Variable Raumkonfigurationen, ausreichend kleinteilig, Handhabbarkeit, Vieldeutigkeit, Lagerung, Sicherheit, Materialität	X	X		
Kommunikation und Präsentation im Flur- / Cafébereich				
Handhabbarkeit, Vieldeutigkeit, Lagerung, Materialität, Sicherheit, »Gedrängetauglichkeit«, 2D-Präsentation, 3D-Präsentation, Kommunikationsförderlichkeit, Arbeitsmöglichkeit, Praktikabilität (insbesondere Café)	X	X	X	X
Aufbewahrung und Zugänglichkeit von Materialien				
Quantität (laufende Meter Regal), Zugänglichkeit, Abschließbarkeit, Vielfältigkeit der Stauflächen (groß, klein, hoch, tief, breit), Sicherheit in der Benutzung, Aufwand in der Benutzung, Produzierbarkeit			X	

und »Installation« (wie können Räume vielfältig inszeniert werden?). Je zwei dieser Handlungsfelder wurden
jeweils von einem Team bearbeitet, sodass mehrere
Konzepte zu jedem Thema entstanden sind. Ergebnisse der Gruppenarbeiten wurden im Rahmen eines
Präsentationstages Kommilitoninnen und Kommili-
tonen, Dozentinnen und Dozenten sowie Nutzerinnen
und Nutzern des zweiten Workshops »Architektur trifft
Didaktik« vorgestellt und weitergedacht:

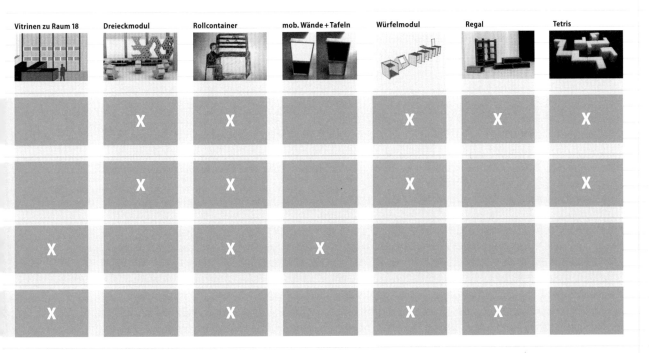

Vitrinen zu Raum 18	Dreieckmodul	Rollcontainer	mob. Wände + Tafeln	Würfelmodul	Regal	Tetris
	X	X		X	X	X
	X	X		X		X
X		X	X			
X		X		X	X	

Handlungsfeld: **Kommunikation**

Präsentiert wurden insbesondere Gestaltungsideen für den Flurbereich zwischen den Seminarräumen, um Orte der Begegnung für Studierende und Lehrende zu etablieren, die nicht vordefiniert sind und die man sich aneignen kann – als Forum mit studentischen Arbeitsplätzen und als Ort, an dem auch Lernprozesse öffentlich präsentiert werden, ergänzt um einen Café- und Kochbereich als Treffpunkt. Ein großer Tisch kann gemeinsam bespielt werden: Durch unterschiedliche Bodenhöhen in Kombination mit flexiblen, würfelartigen Steck-Modulen entstehen Sitzflächen, Tischflächen und Stehtischhöhen gleichermaßen für Erwachsene und Kinder.

Handlungsfeld: **Präsentation**

Flexible Wände mit einer horizontalen Lattung im Flurbereich machen Inhalte der jeweiligen Werkstätten transparent. Hier können Ergebnisse oder Informationen über Seminare, Projekte und Aktionen ausgestellt werden, um gemeinsam darüber in den Austausch zu treten. Ein vorgeschlagener Rollcontainer schafft diverse Lagerungsmöglichkeiten auf unterschiedlichen Höhen. Das gelagerte Material kann flexibel an Arbeitsplätze im Raum herangezogen werden. Der Rollcontainer grenzt gleichzeitig Räume im Raum ab und ist durch flexible Elemente auch als Tisch und Sitzfläche nutzbar. Er bietet diverse Möglichkeiten des Kinderspiels (Tunnel, Theater, Höhlen) und ist darüber hinaus als zusätzliche Präsentationsfläche geeignet.

Handlungsfeld: **Tisch und Stuhl**

Vorgestellt wurden kubusartige Hocker mit integrierter oder aufsteckbarer Lehne, kleine Einzeltische, oder Tischplatten und Böcke. Die Elemente sind zugleich Tisch und Stuhl für unterschiedliche Nutzungshöhen von Kindern und Erwachsenen, wie auch Podeste, Tribünen, Rutsch- und Liegeflächen. Sie haben Materialcharakter, sind wandlungsfähig und bieten spannende Möglichkeiten für Spiel- und Lernräume.

Handlungsfeld: **Installation**

Sowohl die hockerartigen Elemente der Handlungsfelder »Tisch und Stuhl« als auch die Rollcontainer des Handlungsfeldes »Präsentation« sollen in Kombination miteinander zu Bau- und Bewegungslandschaften und szenischen Spielwelten weitergebaut werden können. Ergänzt wird das Angebot um Ergänzungsmaterialien zum Bauen – Bretter verschiedener Größen, Latten oder Tücher.

Die Jury

Von einer Jury wurden die Entwürfe gewürdigt und bewertet. Für die Studierenden war dies eine Herausforderung, ihre Gestaltungsideen zu vertreten und in Rollen zu agieren, die sie später im Berufsleben ebenfalls einnehmen werden. »Bauherrengespräche« wurden geführt und auf Bedenken und Anregungen der verschiedenen Nutzerinnen und Nutzer mit ihren unterschiedlichen Lernkulturen musste reagiert werden, um entsprechende Antworten und Lösungen zu finden. Der dialogische Prozess steht exemplarisch für die Kooperation von Nutzerinnen, Nutzern, Planerinnen und Planern in der Gestaltung von Bildungseinrichtungen. In einer partizipativen Zusammenarbeit können Impulse für eine gelingende Kooperation herausgearbeitet werden, bei der architektonische Raumgestaltung und didaktische Ansprüche an Lern- und Bildungsräume einander immer wieder begegnen, sich gegenseitig hinterfragen und möglicherweise korrigieren. »Architektur trifft Didaktik« steht für die Begegnung zweier Perspektiven, deren Arbeits- und Forschungsfelder eine Überschneidung finden und setzt damit exemplarisch ein durchlässigeres Verständnis von Architektur, Bildungszugängen, Bildungsinhalten und Bildungsdidaktiken um.

Raumplanung

- Projektteam
- Partizipation
- Vorgaben Ausführung
- Objektüberwachung

Lehrforschungsprojekt

- Idee »Didactic Furniture«
- Theorie
- Konzept + Entwurf
- Präsentation + Jury
- Prototypenbau

Prototypen

Die Ergebnisse mit dem größten Potential wurden mit Tutorinnen und Tutoren der Fakultät für Architektur weiter entwickelt, um sie unter den Aspekten Materialität, Stabilität, Bequemlichkeit und Fertigung zu optimieren. Diese Prototypen wurden in die Bildungswerkstatt zurückgegeben, um ersten Belastungstests im Hochschulumfeld standzuhalten. Es wurde ausprobiert und kritisch diskutiert, ob die Elemente robust genug sind (aber trotzdem noch gut handhabbar) und dem didaktischen Ansatz entsprechen. Nicht zur endgültigen Ausführung gekommen ist dieser Prototyp des Hockers, mit Filzrollen als Sitzfläche und separat einsteckbarer Rückenlehne aus Formholz für bequemes Sitzen.

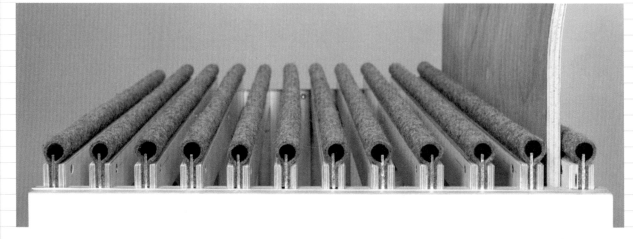

Erprobung in der Kindertagesstätte

Eine Gruppe Studierender erprobte die Prototypen in einer Kindertagesstätte, um zu erfahren, wie Kinder mit diesem ihnen unbekannten Mobiliar umgehen und wie es verwendet wird, wenn beispielsweise die Funktion »Stuhl« nicht eindeutig ablesbar ist. Bereits nach einer kurzen Annäherung variierten die Kinder die Grundstruktur des »Mobiliars«: Hocker wurden durch Holzleisten und Bretter verbunden, an- und aufeinander geschoben. Schrägen, ein Sprungbrett, eine Brücke oder verschiedenste verschachtelte Räume entstanden. Als Tisch und Stuhl wurden die Gegenstände dagegen kaum benutzt. Durch die Erprobung des Mobiliars mit Kindern offenbarte das Material erst, welch hohes Maß an Flexibilität und Vieldeutigkeit in ihm steckt.

Die Baustelle

Bauen ist immer ein komplexer Prozess mit vielen
Beteiligten und unterschiedlichen Rahmen-
bedingungen. Um den Raum möglichst offen zu
gestalten, wurden seine Grenzen und alle sichtbaren
technischen Einbauten visuell ausgeblendet: Die sehr
dominante Lüftungsanlage unter der Decke blieb z. B.
erhalten, wurde aber wie der gesamte Raum dunkel
gestrichen. Das silberne Traversensystem und die
weißen Leuchten bilden eine neue visuell wahrnehm-
bare und definierte Deckenebene. Die gewohnte Hell-
Dunkel-Erfahrung von Raum (dunkler Boden für Sicher-
heit und Halt, meist weiße Wände), wird umgekehrt und
die Wahrnehmung des Raums dadurch geschärft.

Mobiliar als Selbstbauprojekt

Das gesamte Mobiliar wurde mit einer Gruppe von Studierenden innerhalb eines Semesters selbst gebaut. Alle Holz- und Metallteile wurden planerisch so vorbereitet, dass die Teile fertig konfektioniert vor Ort verschraubt werden konnten. Neben einem identitätsstiftenden Effekt hatte dies vor allem den Vorteil, dass noch auf der Baustelle Anpassungen erfolgen konnten und auch später im laufenden Betrieb ggf. defekte Teile ohne großen Aufwand ersetzt werden können.

3 RAUM UND OBJEKTE

Prägend für den Entwurf sind verglaste großzügige Öffnungen zwischen den Räumen, wodurch eine hohe Transparenz und lichte Weite erzeugt wird. Ein durchgängiges Gestaltungskonzept mit einheitlichem hellen Bodenbelag und nichtfarbigen Wänden lässt die Bildungswerkstatt als eigenständigen zusammengehörigen Bereich erkennbar werden.

Herzstück ist ein offenes kleines Küchencafé mit Spiel- und Buchausleihe, das aus dem ehemals fast lichtlosen Flur ein kleines Foyer mit Aufenthaltsqualität macht. Von hier sind die angrenzenden Räume einsehbar – ein großer teilbarer Aktionsraum (W1 + W2) und ein kleinerer Atelierraum (W3) mit dahinter liegendem Büro.

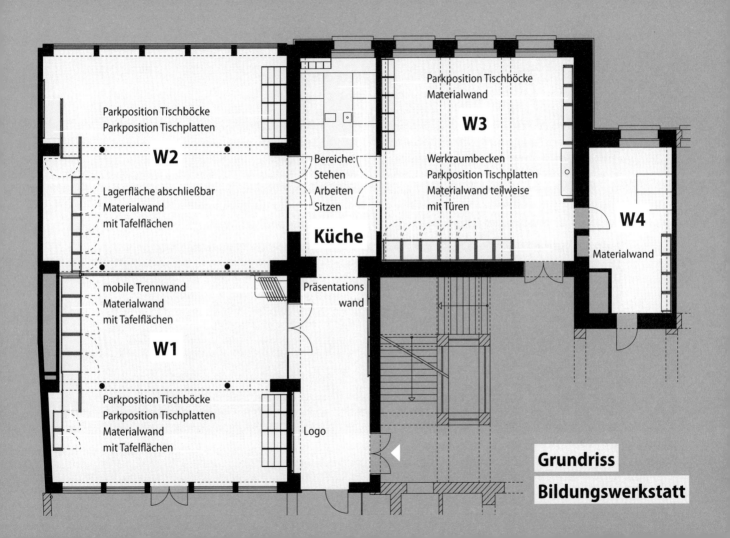

Parkposition Tischböcke
Parkposition Tischplatten

W2

Lagerfläche abschließbar
Materialwand
mit Tafelflächen

mobile Trennwand
Materialwand
mit Tafelflächen

W1

Parkposition Tischböcke
Parkposition Tischplatten
Materialwand
mit Tafelflächen

Bereiche:
Stehen
Arbeiten
Sitzen

Küche

Präsentations
wand

Logo

Parkposition Tischböcke
Materialwand

W3

Werkraumbecken
Parkposition Tischplatten
Materialwand teilweise
mit Türen

W4

Materialwand

**Grundriss
Bildungswerkstatt**

W1 / W2

Der Aktionsraum kann in der Mitte durch eine verfahrbare Trennwand geteilt werden, um je nach Bedarf auch zwei kleinere Seminarräume für den Lehrbetrieb zu nutzen. Licht und Tonausstattung sind der Teilbarkeit der Räume angepasst und können entsprechend der verschiedenen Möblierungslayouts geschaltet werden. Die dunklen Wände lassen den Raum wie einen Bühnenraum wirken, der für jede denkbare Art von Inszenierung zur Verfügung steht. Glänzende Riggs an der Decke fordern auf, mit dem Raum in seiner Dreidimensionalität zu interagieren: Kletterseile, Schaukeln, Raumverspannungen, diverse Abhängungen oder zusätzliche Beleuchtungen lassen sich einfach anbringen. Der Boden ist als Sportboden ausgeführt, um Tanz oder Bewegung zu begünstigen. Die helle ruhige Fläche des Bodens schafft durchgehend den neutralen Untergrund für gestalterische Aktionen und lässt die Buntheit der Szenarien umso deutlicher erscheinen.

Auch im Atelierbereich spielen verschiedene Inszenie-
rungsmöglichkeiten eine wichtige Rolle. Um diese so
wenig wie möglich gestalterisch vorzubestimmen, ist
der Raum in einem neutralen Farbton gehalten, der aber
deutlich heller ist als das Anthrazit des Aktionsraumes.
Signifikant ist die hellgrüne Rückwand des großen
Wassertrogs, die diesen Bereich als Ort der Interaktion
kennzeichnet. Eingelassene ausziehbare Podeste
machen das Becken auch für Kinder gut erreichbar.

KUECHE FLUR

Treffpunkt ist ein großer hellgrüner Block, der sowohl zum stehenden, als auch zum sitzenden Verweilen einlädt. Hier kommt man ins Gespräch, trinkt zusammen Kaffee und Tee oder kann gemeinsam kochen (die Küchengeräte sind in den Block integriert). Ansteigende Podeste ermöglichen den Zugang auf unterschiedliche Höhen, um die große Tischfläche vielfältig zu bespielen. Entlang der Wände im Flur können Ergebnisse der Werkstätten präsentiert werden – ein Ort für Kommunikation, studentisches Arbeiten und Begegnung.

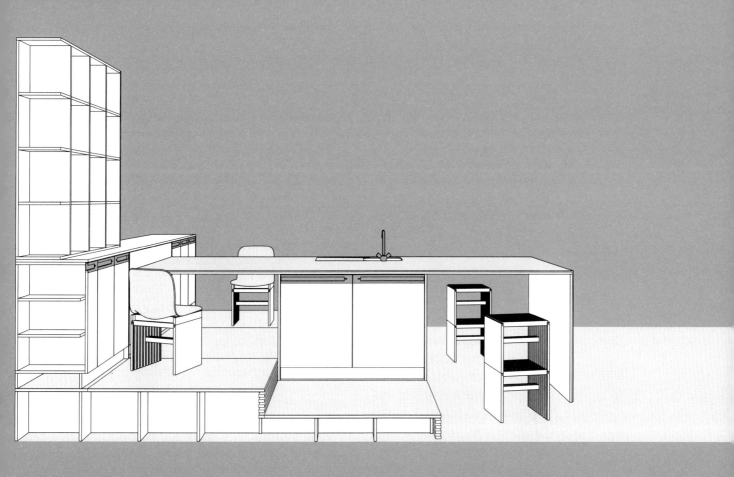

BAUSTEINE UND MATERIALIEN

Die Ausstattung der Räume wurde eigens für die spezifischen Anforderungen der pädagogisch-didaktischen Konzeption entwickelt. Dazu wurden verschiedene Elemente als Bausteine entwickelt, die variabel sind und Erwachsenen wie Kindern Deutungs-möglichkeiten und Gestaltungsfreiheiten für uner-wartete, neue phantasievolle Nutzungen anbieten.

Im Wesentlichen wurden dazu die im Lehrforschungs-projekt »didactic furniture« erarbeiteten Konzepte und Prototypen zu realisierbaren Entwürfen weiterentwickelt und drei leistungsfähige Grundelemente ausgearbeitet: der »Hocker« (sitzen oder bauen), die »Materialwand« (aufbewahren und präsentieren), und der »Rahmen« – nutzbar als kleines Pult, als Tischbock für einen großen Tisch, als befüllbarer (Roll-)Container für Material, als Präsentationssystem oder als Bauelement. Durch-gängiges Material für das Mobiliar ist eine weiß lasierte Multiplexplatte, an deren Kanten das helle geschichtete Holz sichtbar bleibt. Das Holz schafft eine behagliche Grundstimmung im Raum. Die Schichtung der Hölzer zu einer horizontalen Lamellenstruktur ist ebenfalls ein übergeordnetes gestalterisches Thema des Mobiliars. In ihrer Dichte erzeugt diese horizontale Struktur eine Flächigkeit in den Räumen, die in Verbindung mit der Formgebung der Objekte und den weißen ruhigen Flächen des Materials dazu führt, dass sich das einzelne Element zurücknimmt und nicht dominant aufdrängt. Gleichzeitig sind die horizontal gegliederten Flächen aber auch sehr differenziert und flexibel: Sie erlauben beispielsweise ein Einschieben von Brettern oder das Befestigen von Materialien auf verschiedenen Höhen und reagieren damit auf die unterschiedlichen Körper-größen der Nutzerinnen und Nutzer.

HOCKER STUHL

Als Sitzmöglichkeit und Gestaltungselement wurde ein Hocker mit Hochkantlamellen als Sitzfläche und eingefrästen Seitenwangen entworfen: Für Kinder kann die Sitzhöhe angepasst werden, indem man den Hocker um 90° kippt und seitlich in die Nuten Platten einschiebt. Für langes bequemes und ergonomisches Sitzen, wie in Seminaren, wird eine separate Sitzschale aufgesteckt. Zwei Elemente können zu einem Barhocker zusammengesteckt werden.

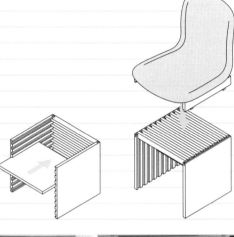

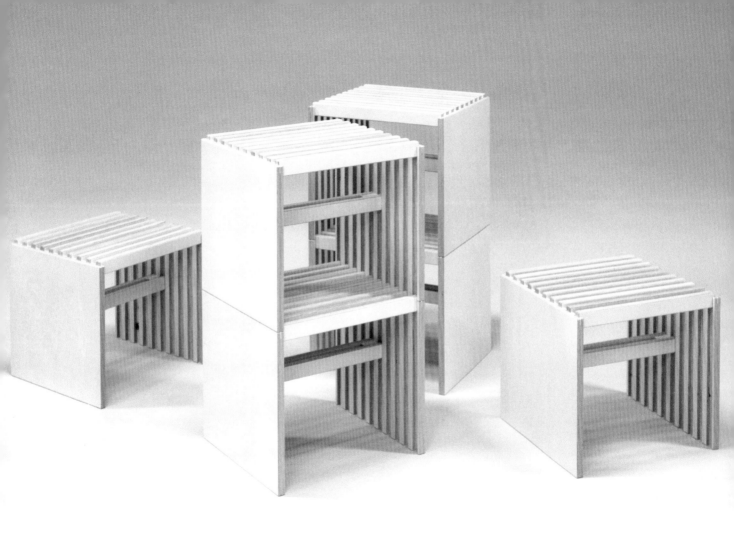

HOCKER STUHL

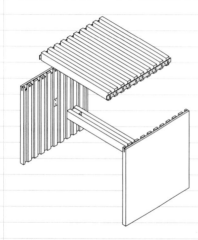

Der Hocker ist gut stapelbar. Die Nuten der Seitenwangen greifen dabei in die Lamellenstruktur und verzahnen sich, sodass sie zu stabilen Wänden, Bänken, Spiellandschaften oder Podesten addiert werden können. Eingelassene Metallbleche stabilisieren die Konstruktion zusätzlich.

MATERIAL WAND

Ein wichtiger Aspekt für das Lehrformat »Bildungswerk-statt« ist die Arbeit mit unterschiedlichen Materialien, die viel Stauraum beanspruchen, aber auch sichtbar und anregend präsentiert werden sollen. Hierfür sind große regalartige Aktionswände entwickelt worden, in die man Platten oder transparente Boxen einhängen kann, um die Vielzahl der Dinge zu ordnen und attraktiv zu inszenieren. Die Lamellenstruktur erlaubt eine unendliche Vielfalt der Bestückung. Das Aufgreifen des gleichen gestalterischen Themas bei allen Objekten hebt auch deren Zusammengehörigkeit hervor und überträgt den Aufforderungsappell zu Interaktion und Weiter-bauen. Die horizontale Struktur ist in einzelne vertikale schmale Türelemente gegliedert, die sich – jeweils um 180° aufgeklappt – in eine raumhohe grüne Magnet-tafelfläche verwandeln.

MATERIAL
WAND

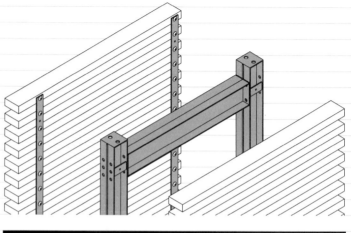

Die Materialwand ist als eigenständige Konstruktion
in den Raum eingestellt. Hinter dem Schrankmodul
gelangt man in einen separaten Abstellraum mit Fläche
für sperrige Materialien. Seitlich zur Fensterfront staffelt
sich die Materialwand zurück, um möglichst viel Licht
in den Raum zu lassen. In die dadurch entstehenden
Nischen werden die Tischplatten bei Nichtgebrauch
horizontal eingeschoben und gelagert.

TISCH BOCK

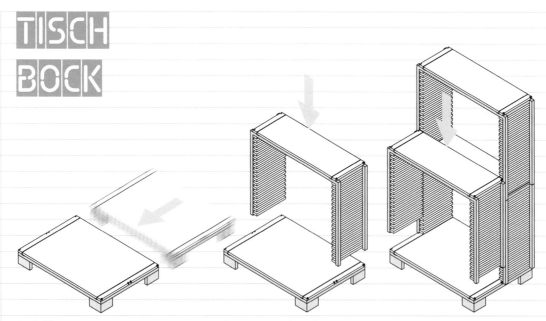

Ein Rollbrett...   nimmt bis zu vier Böcke auf...   und wird zum Rollcontainer.

Neben den großen Materialwänden gibt es kleinere mobile Einheiten. Böcke bilden individuelle Tische, die leicht handhabbar sind. Sie lassen sich in kleine Regale umwandeln, die man zu sich heranziehen kann, sodass verschiedene Stationen im Raum eingerichtet werden können. Die Rahmen mit seitlicher Lamellenstruktur lassen sich wiederum mit Brettern und Arbeitsmaterial bestücken. Durch ihr geringes Gewicht können sie entweder einzeln gehoben oder verschoben werden, oder es lassen sich zwei Böcke nebeneinander auf einen rollbaren Untersatz stellen – als fahrbarer Container im Raum. Erweiterungsmöglichkeiten gibt es darüber hinaus durch die Stapelbarkeit: Ein weiteres Rahmenpaar kann aufgesteckt werden und es entstehen bestückbare mobile Objekte mit raumbildendem Potential.

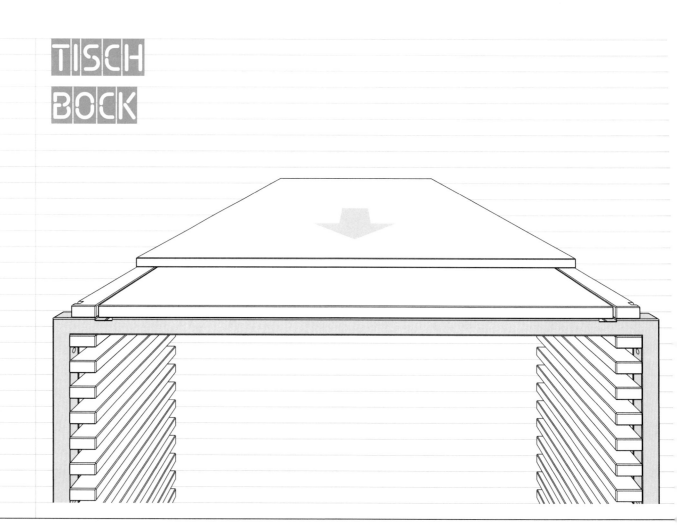

TISCH
BOCK

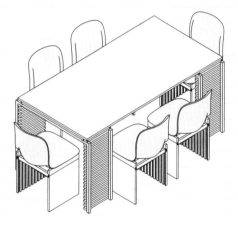

Nimmt man nur einen Tischbock, kann man alleine oder zu zweit versetzt gegenüber sitzen. Die Größe reicht für einen A4-Block oder ein Laptop – ideal für eine seminaristische Situation. Indem man eine zusätzliche Platte auf zwei Rahmen aufschiebt, wird daraus ein großer Tisch für sechs Personen. Hierfür wurde eine Konstruktion mit Stahlschienen konzipiert, die ein schnelles Zusammenbauen erlaubt und die Elemente als Ganzes arretiert.

TISCH BOCK

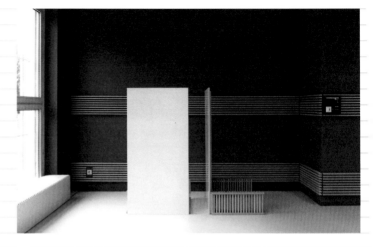

Legt man die Tischböcke horizontal, kann man die
gleiche Platte vertikal in die Lamellen einschieben und
die Fläche als Stellwand oder Präsentationssystem
nutzen. Legt man zwei Tischböcke gegenüber auf den
Boden, lassen sie sich durch eine aufgelegte Platte zu
einem Podest verbinden. In Kombination mit den Sitz-
hockern entsteht eine hohe Variabilität, um ganze Land-
schaften zu bauen und den Raum zu bespielen.

Die Tischböcke werden an den geschlossenen Wänden
zum Flur geparkt. Die Platten werden bei Nichtgebrauch
seitlich in der Materialwand eingeschoben, sodass der
große offene Raum immer zur Verfügung steht.

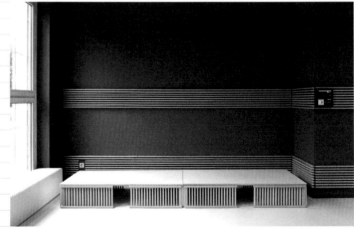

VISUELLE IDENTITAET

Die Idee für das visuelle Orientierungssystem lehnt sich an das gestalterische Konzept der Lamellenstruktur an: So wie unterschiedliche Platten / Materialien darin eingeschoben werden können, werden auch die einzelnen Buchstaben an die durchlaufenden horizontalen Linien gehängt und verdichten sich zur Information. Die Farbigkeit der Räume – weiß mit leuchtend hellgrüner Akzentfarbe – ist in der Beschilderung und Typografie wiedererkennbar.

4 GEBRAUCH

»ZU BEGINN GESTALTEN WIR UNSEREN RAUM...«

Studierenden und Lehrenden unterschiedlicher Disziplinen gelang es, in einer forschenden Grundhaltung einen offenen Raum zu schaffen. Mit der »Bildungswerkstatt« ist ein Ort an der Technischen Hochschule Köln entstanden, an dem man die Vieldeutigkeit von Raum experimentell weiter denken und erforschen kann und an dem die Wechselwirkung pädagogischer Prozesse und ihrer räumlichen Umgebung bewusst erlebt und gestaltet wird. Das Ergebnis ist eine zukunftsweisende Lernraumgestaltung, die sowohl hochschuldidaktischen als auch kindheits- und sozialpädagogischen Ansprüchen gerecht wird.

Die entstandenen Räume werden vielfältig genutzt – für didaktisch experimentelle Werkstätten und hochschuldidaktische Lehrforschungsformate mit Projektcharakter, für Phasen des selbstorganisierten Studiums sowie für Lehrveranstaltungen im »herkömmlichen« Sinne mit ihren vielfältigen hochschuldidaktischen Methoden. Darüber hinaus beherbergen die Räume mit der Campuserholung ein Betreuungs- und Bildungsangebot für die Kinder Studierender und Mitarbeitender. Nicht zuletzt finden öffentliche Veranstaltungen, Vorträge, Tagungen mit unterschiedlichen Zielgruppen (Fakultätsmitglieder, Studierende, Wissenschaftlerinnen und Wissenschaftler, Fachöffentlichkeit, Kinder und Eltern…) in den Räumen statt.

5 TEAM

Projektleitung
Fakultät für Angewandte Sozialwissenschaften
Prof. Dr. Andrea Platte / Prof. Dr. Claus Stieve
Projektkoordination:
Christina Niemeier / Esther Schüllenbach-Bülow

Projektleitung Fakultät für Architektur
Prof. Andrea Dung / Bernd Ullrich

Mitwirkende im Projektteam
Marion Kußmaul / Gerlinde Touré
Prof. Brigitte Caster / Prof. Dr. Ute Lohrentz

Vorentwürfe
Nina Bittner / Peter Borkowski / Doris Buschhaus /
Marcela Cano / Alina Davids / Johann Eckartz /
Mareen Engels / Maike Fochler / Angelina Groß /
Swana Grothe / Marietta Guillery / Konstantin Holz /
Hartwig Hümme / Natalie Kilimann / Natascha Lietz /
Makele Mpanzu / Annika Neuhausen / Elena Reider /
Samantha Schmid / Christian Schramm /
Esther Schüllenbach-Bülow / Tobias Schulz /
Robin Schwake / Martin Taschenmacher / Hanna Turk /
Valérie-Samira Walburg

Entwurf
Prof. Andrea Dung / Bernd Ullrich
Johann Eckartz / Konstantin Holz / Martin Taschenmacher

Ausführung Mobiliar
Bernd Ullrich
Labor für experimentelles Bauen – Martin Waleczek
Alina Davids / Johann Eckartz / Anna Herr /
Konstantin Holz / Hartwig Hümme / Mirja Limbach /
Rebecca Tietz

Workshop der Nutzerinnen und Nutzer
Katrin Ackermann / Bettina Bierdümpel /
Janine Birwer / Manuela Fischer-Rollbühler /
Dr. Hella Gephart / Claudia Hermens /
Andreas Ketteler-Eising / Judith Knabe /
Prof. Dr. Sigrid Leitner / Bernd Ohnemüller /
Claudia Roller / Lydia Scheithauer / Anna Sperlich /
Prof. Dr. Rainer Strätz / Simon Streiffels /
Prof. Dr. Angela Tillmann / Melanie Werner /
Petra Wiedemann u. a.

Ein besonderer Dank gilt
Prof. Brigitte Caster / Prof. Dr. Ulrich Mergner
die seinerzeit als Dekanin und Dekan die Projektgruppe
zusammen geführt haben

Wertvolle Unterstützer
Prof. Dr. Sylvia Heuchemer / Prof. Dr. Rüdiger Küchler
Prof. Dr. Andreas Thimmel

Unser Dank gilt allen Projektbeteiligten
TH Köln – Felix Amann / Randolf Boerner /
Michael Kinne / Axel Kotitschke / Dieter Mamat /
Thabea Müller / Dirk Osterkamp / Bernhard Wilmes
BLB Köln – Wolfgang Gesell / David Grunau / Peter Kilian
PBW – Uwe Wiedemann
Bächer Bergmann GmbH – Sebastian Bächer
rapidomat – Franko Männl
VM GmbH – Robert Menschik

Projektförderung
Sonderprogramm Lehrexzellenz
ProfiL²

Im Rahmen des Bund-Länder-Programms »Qualität
der Lehre« wird das von der Technischen Hochschule
Köln entwickelte Programm »ProfiL²-Projekte für
inspirierendes Lehren und Lernen« gefördert. ProfiL²
sieht die hochschulweite Einführung des projekt-
basierten Lehrens und Lernens während des gesamten
Bachelorstudiums vor. Das projektbasierte Studium soll
die Analogie der Studiersituation mit den möglichen
beruflichen Handlungsfeldern herausstellen und nachhaltige Lernprozesse initiieren.

Andrea Dung ist seit 2013 Professorin für Darstellungs- und Entwurfsmethodik an der Hochschule Bremen, School of Architecture. Bis zu ihrem Ruf nach Bremen war sie wissenschaftliche Mitarbeiterin an der Fakultät für Architektur der TH Köln. Neben – oder verknüpft mit – ihrer Lehrtätigkeit konzipiert und realisiert sie Bau- und Gestaltungsprojekte. Diese verbinden klare Konzeptionen mit hoher Nutzerorientierung und verschränken sich häufig mit dem Bereich der visuellen Kommunikation.

Claus Stieve, Dr. phil, ist Professor für Erziehungs- wissenschaft mit dem Schwerpunkt Pädagogik der Kindheit und Prodekan an der Fakultät für Angewandte Sozialwissenschaften. Arbeitsbereiche liegen in der Phänomenologie der frühkindlichen Lebenswelt, der Bildungstheorie, der frühpädagogischen Didaktik und der Hochschuldidaktik. Besonders reizen ihn Aufforderungscharaktere von Dingen und Räumen, die Handlungsmöglichkeiten einschränken oder erweitern können und ein entscheidendes Moment jeder Didaktik bilden. Andrea Platte und Claus Stieve leiten die »Bildungswerkstatt« an der TH Köln.

Andrea Platte, Dr., ist Professorin für Bildungsdidaktik mit dem Schwerpunkt Didaktik der Elementarpädagogik an der TH Köln und leitet dort den Studiengang BA Pädagogik der Kindheit und Familienbildung. Seit ihrer Tätigkeit als Lehrerin für Sonderpädagogik und als Dozentin an Hochschulen in Köln, Heidelberg und Fulda ist ihr Anliegen die Entwicklung einer inklusiven Didaktik von der Kindertageseinrichtung bis zur Hochschule, die Bildungsprozesse als nicht vorhersehbar, nicht messbar und nicht normorientiert gestalten möchte.

Bernd Ullrich arbeitet als freier Architekt und ist seit 2006 an der Fakultät für Architektur als wissen- schaftlicher Mitarbeiter tätig. Wenn es ein Motto für seine Arbeit gibt, dann ist das die »Freude am Bauen«. Gerne legt er als Architekt selbst Hand an, entwickelt Prototypen und experimentiert mit Materialien, bis eine individuelle und konsequente gestalterische Lösung gefunden wird. Seine Arbeiten zeichnen sich oft durch eine ungewöhnliche Herangehensweise aus, die sich auch auf breiten Kenntnissen und Erfahrungen aus den Bereichen Bühnenbild, Medientechnik und Buch- gestaltung gründet.

Literatur

Ainscow, M. / Booth, T. (Hrsg.) (2011): Index for Inclusion. Developing Learning and Participation in Scholls. Bristol

Eckmann, C. (2014): Architekten und Pädagogen kultivieren Synergien. In: SchulVerwaltung 16, 4, S. 45 – 47

Gebauer, G. / Wulf, C. (1998): Spiel, Ritual, Geste. Mimetisches Handeln in der sozialen Welt. Reinbek

Latour, B. (2000): Die Hoffnung der Pandora. Untersuchungen zur Wirklichkeit der Wissenschaft. Frankfurt M.

Masschelein, J. / Simons, M. (2010): Jenseits der Exzellenz. Eine kleine Morphologie der Welt-Universität. Zürich

Merleau-Ponty, M. (1949 / 1976): Die Struktur des Verhaltens. Berlin

Moss, P./Urban, M. (2010): Democracy and Experimentation: Two Fundamental Values for Education. www.bertelsmann-stiftung.de/ (01.09.2015)

Patočka, J. (1991): Die Bewegung der menschlichen Existenz. Phänomenologische Schriften II. Stuttgart

Platte, A. (2014): Inklusion braucht mehr als nur Barrierefreiheit. Räume gestalten (für) inklusives Lernen. In: SchulVerwaltung, 16, 4, S. 7 – 9

Saner, H. (1977/1995): Geburt und Phantasie. Von der natürlichen Dissidenz des Kindes. Basel

Schüllenbach-Bülow, E./Stieve, C. (Hrsg.) (2016): Raum anders erleben. Weimar (im Erscheinen)

Waldenfels, B. (2000): Das leibliche Selbst. Vorlesungen zur Phänomenologie des Leibes. Frankfurt M.

Stieve, C. (2016): Szenischer Raum. Zur Vieldeutigkeit pädagogischer Lernorte. In: Graf, U. u. a. (Hrsg.): Lernwerkstattarbeit als Prinzip – Möglichkeiten für Lehre und Forschung. Bad Heilbrunn (im Erscheinen)

Bildnachweis

Dung, Andrea: Seite 12

Holz, Konstantin: Seite 21

Moorkamp, Elke aus Schüllenbach-Bülow, Esther/Stieve, Claus (Hrsg.) (2016): Raum anders erleben. verlag das netz, Weimar: Seite 5(1), 51, 53 – 55

Nachwuchsförderung e. V.: Seite 52

Osterkamp, Dirk: Seite 5(2)

Ullrich, Bernd: Seite 4, 14, 20, 22 – 49, 50, Umschlag

Auszeichnungen

interior
winner

GERMAN
DESIGN
AWARD
NOMINEE
2017